Marjorie Weinman Sharmat

Les enquêtes de Toto le Magnifique

Traduit de l'anglais
par Jacqueline Jude

Illustrations de Serge Ceccarelli

Hachette

Du même auteur
dans la même collection

Toto le Magnifique détective
Les Trouvailles de Toto le Magnifique
Toto le Magnifique mérite un prix

Cet ouvrage est composé de
Nate the Great and the Sticky Case
Nate the Great and the Missing Key
parus aux éditions Coward-McCann,
division de The Putnam Publishing Group.

Hachette 79, boulevard Saint-Germain, Paris VIᵉ

1

Une affaire qui pose une colle

Moi, Toto le Magnifique,
j'étais tout mouillé
de pluie.

Enveloppé dans une couverture,
pour me faire sécher,
je lisais un roman policier.
Crassou, mon chien,
reniflait le livre.
J'en étais à la page 33

quand soudain, on frappe :
« Toc ! Toc ! »
J'ouvre la porte.
C'est Claude.
« J'ai perdu, me dit-il,
mon plus joli dinosaurien. »
Chaque jour, il perd
une chose ou l'autre.
« C'est une énorme perte, dis-je,
la plus énorme de toute ta vie !
Un dinosaurien, c'est immense !
Comment as-tu fait
pour le perdre ?

– Mon dinosaurien est tout petit.
C'est un stégosaure
imprimé sur un timbre.
Peux-tu m'aider
à le retrouver ?
– Ce n'est pas facile

de retrouver un objet si petit,
ce sera une grosse affaire !
Je m'en charge.
Dis-moi : où était
ce timbre au stégosaure
la dernière fois que tu l'as vu ?

– Sur une table, chez moi.
Je montrais à mes amis
la série de dinosauriens
de ma collection de timbres.
Le stégosaure
était mon timbre préféré.
– Et qui sont tes amis ?
– Annie, Pipo et Rosalie
et toi aussi,
mais toi, tu n'étais pas là.
– Exact, dis-je.
Bien. Je vais chez toi
examiner cette table. »

Je laisse donc un mot à ma mère :

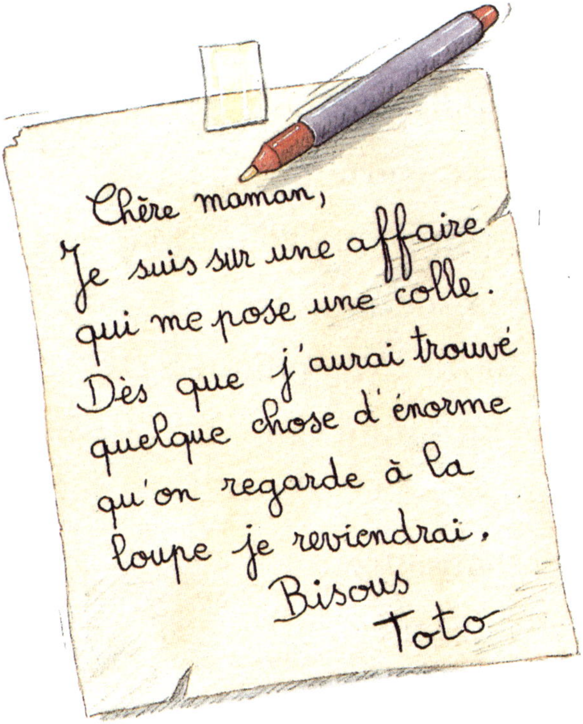

Je suis Claude jusque chez lui.
Lui qui perd tout,
il ne perd pas son chemin.
Il me montre sa table.
Elle est couverte de timbres.
« Voici, dit-il, ma collection,
sauf bien sûr, mon stégosaure ! »
Moi, Toto le Magnifique,
je vois un brontosaure,
un plésiosaure,
un ichthyosaure.
Je vois des mâchoires,
je vois des nageoires,

des écailles monstrueuses...
Tous ces timbres sont hideux !
Mais peu importe !
j'ai un problème à résoudre,
un travail à faire !
« Où se trouvait le stégosaure

quand il était encore
sur la table ?
– Près du bord.
– Il est sans doute tombé. »
Je regarde par terre
au pied de la table.
Il n'y a pas de timbre
ni de stégosaure.
Je montre à Crassou
un des autres timbres.
Voici ce que nous cherchons :
« Un timbre ! »
Quelquefois Crassou

n'est qu'un médiocre détective !
Il essaie de lécher
la colle du timbre.

« Sers-toi de tes yeux,
pas de ta langue ! » je lui crie.
Et nous nous mettons à chercher
de tous côtés,
dans la maison de Claude,

à droite, à gauche,
dessus, dessous.
Puis nous recommençons.
Et nous ne trouvons pas
le timbre au stégosaure.
Je déclare à Claude :
« Moi, Toto le Magnifique,
j'affirme que le timbre
n'est pas dans ta maison.
Dis-moi, quand as-tu vu
qu'il avait disparu ?
– Quand tous ont été partis,
répond Claude.

– Sont-ils partis tous ensemble ?
– Oui.
– Sont-ils arrivés ensemble ?
– Non. Annie et Rosalie
sont venues me dire
que Rosalie organisait
une vente d'objets divers
dans sa cour.
– Alors il s'est mis à pleuvoir.
Il a plu longtemps.
Annie et Rosalie
sont donc restées
regarder mes timbres.

Quand la pluie a cessé,
Pipo est arrivé.
Lui aussi les a regardés
puis ils sont tous partis

à la vente de Rosalie.
– Eh bien, dis-je, je vais aller
à cette vente.
J'interrogerai
tous ceux qui se sont trouvés
près du stégosaure. »
Crassou et moi,
nous allons chez Rosalie.
Elle est installée
au milieu de sa cour
et ses quatre chats
sont groupés
sous une grande pancarte.

Je lui demande :
« Vends-tu tes chats ?
– Non, répond-elle.
Je vends des boîtes de thon vides,
des pantoufles, des poils de chat,
des brosses à dents, des images,
des cuillers et des tas de choses. »
Crassou flaire de son mieux.
« As-tu un timbre
représentant un stégosaure ?
– Non. Mais j'en ai vu un
sur un coin de table,
chez Claude.

UX BONNES
AFFAIRES

– Merci », dis-je.
Je m’apprête à repartir.
« S’il te plaît, achète-moi
un poil de chat,
s’écrie Rosalie.
Ils ne coûtent que 20 centimes ! »
Moi, Toto le Magnifique,
qu’ai-je à faire d’un poil de chat ?
Mais je donne vingt centimes
à Rosalie.
Et je lui dis :
« Un seul me suffit !
– Je t’en donne un second gratuit.

Veux-tu des poils de Gros-Minou,
de Petit-Minou, de Gentil-Minou
ou de Super-Minou ?
– Tu m'en feras la surprise ! »
dis-je.
Rosalie prend un poil
dans la boîte Gros-Minou,
et puis un autre poil
dans la boîte Super-Minou,
et les colle sur un ruban.

« Voilà ! comme cela,
tu ne les perdras pas. »
Rosalie a parfois
des idées étranges…
J'aperçois Pipo.
Il regarde les boîtes de thon vides.
« Je lui demande :
"As-tu vu, par hasard,
un timbre avec un stégosaure
sur la table de Claude ?"
Pipo parle peu.
Il incline trois fois la tête.

« Sais-tu où il est ? »
Il secoue la tête
de gauche à droite.
« Merci ! » lui dis-je.

Et je me tourne vers Annie
qui arrive avec Croquetou.
« Je cherche le timbre de Claude,
son timbre au stégosaure.
Que sais-tu,
là-dessus ?
– Ce que j'en sais, déclare Annie,
C'est que le stégosaure
est tout à fait mignon !

Je trouve qu'il ressemble à
Croquetou ! »
Elle se penche vers son chien :

« Croquetou, fais-nous
ton sourire de stégosaure ! »
Croquetou ouvre la gueule,
il me montre ses crocs,
et je crois, du coup,
qu'il est temps que je parte.
Je dis au revoir à Annie.
Crassou et moi rentrons
chez nous
tout doucement.
Une belle promenade !
Des gouttes de pluie tombent des arbres.

Nos silhouettes
se reflètent
dans les flaques.
L'air est pur et nous voyons
un magnifique arc-en-ciel.

A la maison,
je fais réchauffer
cinq ou six brioches,
je donne un os à Crassou,
et nous réfléchissons.

« Où est le timbre au stégosaure ? »
Personne ne le sait.
Mais le timbre a disparu.
Affaire bien embarrassante !
Les timbres, ça vous colle
aux doigts
et ça ne vous lâche pas,
Sauf celui-là.
Soudain je pense
qu'un timbre avec un stégosaure
n'est pas un timbre ordinaire.
Il faut peut-être
s'occuper du stégosaure

et non du timbre.
Moi, Toto le Magnifique
Ne suis-je pas génial ?
J'ai des brioches plein l'estomac
et dans la tête une riche idée.
« Attends ici, dis-je à Crassou.
Je vais me documenter. »
Je me rends au musée d'histoire naturelle
voir le stégosaure.
Je lève les yeux.
Je les lève encore,
encore plus haut.

Le stégosaure est énorme!
Bien plus gros que Croquetou.
Sa gueule est trois fois plus
hideuse.
Mais il ne bouge pas,
car ce n'est qu'un fossile.
Moi, Toto,
j'aime mieux ça.
Je lis que les stégosaures
étaient des lézards géants
vivant il y a bien longtemps.
Ils avaient deux cerveaux.
J'aimerais, moi, Toto,

avoir aussi deux cerveaux !
et que l'un d'eux
me trouve la solution !
Je reviens à la maison.
A part quelques flaques d'eau,
il n'y a plus trace de pluie.
Je réfléchis bien fort.

Que sais-je
sur le timbre perdu ?

Je sais qu'Annie
et Rosalie
sont allées chez Claude
et ont vu le timbre.
Ensuite il a plu longtemps.
Quand la pluie s'est arrêtée
Pipo est arrivé.
Il a vu lui aussi le timbre
tout au bord de la table
dans la maison de Claude.
Je sais qu'il n'y est plus.

Comment est-il sorti ?
Il ne m'a servi à rien
de voir le gros stégosaure.
Je n'ai pas dû prendre
l'affaire par le bon bout.
J'ai peut-être oublié
qu'un timbre a deux côtés.
Peut-être vaut-il mieux penser
au côté gommé
qu'au côté stégosaure.
« Un timbre, ça se colle »,
me dis-je.
En rentrant à la maison,

je vois Crassou
en train de lécher son écuelle.
Dans cette affaire,
il ne m'a guère aidé !
A moins que…
Je me souviens que Crassou
a essayé de passer
sa langue humide sur le timbre.

Bon moyen
de rendre le timbre poisseux,
et un timbre poisseux,
ça colle…
Je viens de faire une découverte :
Crassou est un grand détective !
Il a compris tout de suite
que l'important dans un timbre
était le côté gommé.
Et moi, Toto le Magnifique,
c'est à mon tour de comprendre :
n'importe quoi d'humide
peut faire coller un timbre.

Qu'est-ce qui est humide?
Les gouttes d'eau,
la pluie.
Quand Annie et Rosalie
sont arrivées chez Claude,
il ne pleuvait pas.
Mais quand Pipo est entré,
il venait de pleuvoir.
Des gouttes tombaient des arbres,
Il y avait des flaques d'eau
de chaque côté de la route.
Humm!
Je pense très fort aux flaques.

Je pense à Pipo,
aux pieds de Pipo
qui font plouf dans les flaques.

Je prends un timbre sur mon bureau
et le pousse par terre.

Je vais dehors
et je patauge
dans une ou deux flaques d'eau.
Je reviens dans ma chambre,
marche sur le côté collant
du timbre.
Le timbre adhère à ma semelle.

Il est arrivé la même chose
au timbre avec le stégosaure.
Quand Pipo est entré,
il s'est collé
à son soulier.
C'est Crassou qui a découvert
l'indice qui me manquait !
Je n'ai plus qu'à examiner
les chaussures de Pipo.
Nous allons donc chez Pipo.
Je sonne et Pipo ouvre.
Je regarde ses pieds.
Il porte des pantoufles.

Je lui demande :
« Où sont tes chaussures ? »
Pipo regarde ses pieds.
Il ouvre la bouche
et répond :

« Elles étaient mouillées
A cause de la pluie.

Après être parti
de la maison de Claude,
je les ai échangées
contre une paire de pantoufles
sèches et confortables
que j'ai trouvées
à la vente de Rosalie.
J'ai laissé mes souliers,
à son comptoir de troc.
– Merci ! » lui dis-je.
Crassou et moi,
nous partons en courant
à la vente de Rosalie.

Nous nous précipitons
vers le comptoir de troc.
« Cette affaire poisseuse
est presque résolue », dis-je.
Mais les chaussures de Pipo
ne sont pas là.

Rosalie vient à ma rencontre.
« J'espère, me dit-elle,
que tu ne viens pas là
pour échanger les poils de chat ?
– Ce que je voudrais,
C'est une paire de chaussures,
les chaussures de Pipo.
Où sont-elles ?
– Je viens juste de les vendre
à Annie pour cinq francs.
C'est ma plus grosse vente
de la journée ! », dit Rosalie.
Crassou et moi,

nous nous rendons chez Annie.
Elle est devant sa porte
avec Croquetou.
Je vois deux chaussures.
L'une par terre, et l'autre...
dans la gueule du chien.
Je demande à Annie :
« Ce sont les souliers de Pipo ?
– Exact.
Je les ai achetés
pour que mon Croquetou
ait de quoi mordiller. »
Moi, Toto le Magnifique,

je regarde la semelle
du soulier que Croquetou mord.
J'y vois collé
quelque chose de carré,
de petit et de très sale.

Enfin j'ai retrouvé
le timbre au stégosaure !
Mais ce n'est pas le tout
de savoir où il est !
Il faut encore pouvoir le prendre !
Je pense à toute vitesse.
« J'aimerais, dis-je à Annie,
voir Croquetou sourire
de son sourire de stégosaure...
– Souris, Croquetou », dit Annie.
Croquetou montre ses crocs.
Le soulier tombe par terre.
Vite, je le ramasse.

Moi, Toto, je décolle le timbre.
L'affaire est terminée !
Nous apportons chez Claude
le timbre au stégosaure.
Le timbre est sale et poisseux,

tout froissé, hideux.
Mais Claude est bien content
de le récupérer.
Crassou et moi
nous rentrons à la maison.
Nous faisons bien attention
d'éviter les flaques.

2
La clef perdue

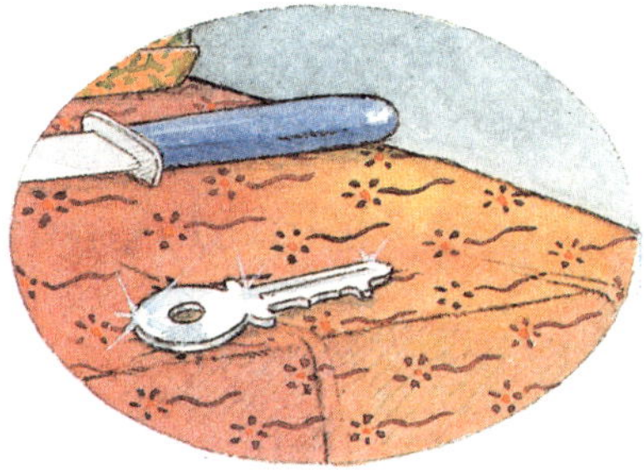

Moi, Toto le Magnifique,
Je n'ai peur de rien.
Sauf d'un être.
Et cet après-midi
je vais fêter
l'anniversaire de cet être :
Croquetou, le chien d'Annie.
Dès le matin,
Crassou, mon chien
et moi, Toto,
on se prépare pour la fête !
Dring ! Dring ! On sonne !
J'ouvre la porte.

Qui est-ce ?

Annie et Croquetou.

Il est énorme !

Plus encore que d'habitude !

Et ses crocs, donc !

Mais il est déguisé en chien
de fête.
Il porte un paletot idiot
et un collier neuf.

« Il faut m'aider, me dit Annie.
J'ai perdu ma clef.
Je ne peux ni rentrer chez moi
ni préparer le goûter. »
Moi, Toto, je suis désolé
pour la clef,
mais content de ne pas aller
au goûter.
« Dis-moi tout sur cette clef !
– Eh bien, répond Annie,
la dernière fois que je l'ai vue,
c'est quand je suis allée
acheter pour Croquetou

son cadeau d'anniversaire
qui se mange.

– Qui se mange ?

– Oui, qui se mange.
C'est le seul cadeau
que j'avais oublié.
Croquetou sera gâté :

un paletot rayé
un collier gravé
et pour accrocher au collier
une minuscule écuelle
et un os en argent.
Regarde Croquetou,
Hein ? n'est-il pas mignon ?
Tout cela tinte gaiement ! »
Moi, Toto,
je n'ai guère envie
de regarder Croquetou,
encore moins de l'écouter
cliqueter.

Je demande :

« Explique-moi mieux.

– Rosalie et ses quatre chats
étaient chez moi, répond Annie.
Elle m'aidait
à préparer la fête.
Je suis sortie,

et Rosalie
avec ses quatre chats
est restée dans la maison.
Croquetou, lui,
je l'ai laissé dans la cour.
La clef était sur la table.
C'est la dernière fois que je l'ai vue.
Quand je suis revenue,
Croquetou était dans la cour,
mais la maison était fermée.
Plus de Rosalie,
plus de chats !

Rosalie avait épinglé
ce mot sur ma porte :

« C'est un poème étrange, dis-je.
– Rosalie, parfois,

est étrange aussi »,
me répond Annie.
Je le savais déjà !
« Pourquoi ne vas-tu pas
chez Rosalie
lui demander
où elle a mis ta clef ?
– J'y suis allée :
tout est fermé.
J'ai sonné.
Personne n'a répondu.
– Pour Rosalie, dis-je
c'est le jour des portes closes.

Qui d'autre a une clef
de ta maison ?
– Mon père et ma mère.
Mais ils sont partis
toute la journée,
car ils n'aiment guère
les anniversaires
de chiens. »
Voilà un point de vue
que moi, Toto,
je comprends bien.
Pourtant je dis à Annie :
« Je me charge de ton affaire. »

Et je laisse un mot à ma mère :

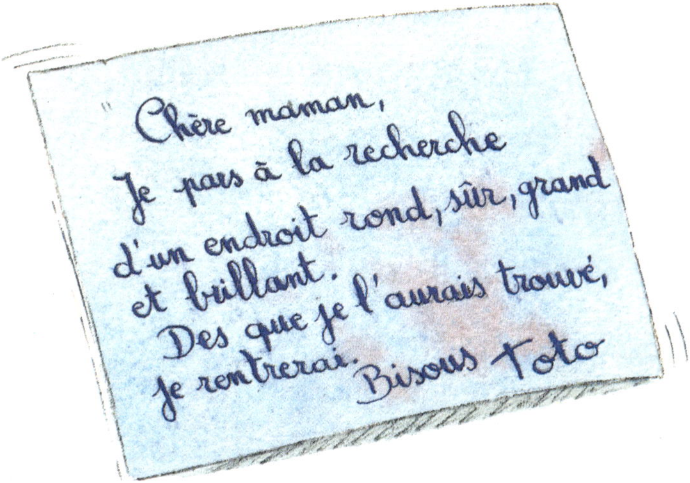

Annie, Crassou,

moi, Croquetou,

nous retournons chez Annie.

Je lui demande :

« Et cette clef,
à quoi elle ressemble ?
– A une clef d'argent qui brille ! »
répond Annie.
Crassou et moi,
nous cherchons partout.

Il y a plein de cachettes
où laisser une clef :
sous le paillasson,
dans les pots de fleurs,
dans le tuyau de la gouttière,
ou dans la boîte aux lettres.

Mais tout cela n'est ni rond,
ni sûr, ni gros, ni brillant.
Aussi je déclare :
« Je vais chercher ailleurs !
– Croquetou et moi,
Nous t'attendrons ici »,
répond Annie.
Quelle bonne idée !...
« Viens, Crassou,
allons chez Olivier ! »
Olivier est un vrai poison.
Mais j'ai un job à faire.
Le boulot d'abord !

Olivier fait collection
de tas de trucs qui brillent :
boîtes, petits pots d'étain
tout plein d'épingles de nourrice
d'écussons, de tournesols,
de peintures de lacs au soleil.
Chaque semaine
la lubie le prend
d'un nouvel objet brillant.
Cette semaine, peut-être,
ce sera la lubie des clefs ?
Je demande à Olivier :
« Rosalie t'a-t-elle laissé

une clef brillante
dans un endroit rond,
grand et sûr ?
– Non, répond Olivier.
Ce n'est pas ma lubie de clefs,
mais ma lubie d'anguilles.

Veux-tu voir ma nouvelle
anguille ? »
Je n'ai envie de voir
ni vieille
ni nouvelle anguille.
Je décide de partir.
« Je peux te suivre ? »
demande Olivier.
« Non !
– Je t'aiderai
à chercher la clef !
– Très bien, dis-je.
Quand j'irais à l'est,

tu iras à l'ouest.
Quand j'irai au sud,
tu iras au nord.
– Mais nous ne serons jamais
ensemble !
– Exact ! »
Crassou et moi
quittons la maison d'Olivier.

Je ne tourne pas la tête.
Je sais qui je verrais derrière moi :
Olivier.
Moi, Toto, je réfléchis,
je réfléchis.
Et alors je pense
à un endroit sûr et énorme :
une banque.
Il y a tout plein d'objets
ronds et brillants
dans une banque.
Des pièces de monnaie,
toutes sortes de monnaies.

Crassou et moi poussons la porte
de la banque.
Olivier nous suit.
Crassou et moi,
nous regardons sur les comptoirs
et derrière les guichets.
Puis je me mets à quatre pattes
à côté de Crassou.
Si Rosalie est venue ici,
je dois trouver des poils de chat
sur le plancher.
Je ramasse des agrafes,
un stylo à bille vide,

CREDI
GRAT

une pièce de dix centimes
et de la poussière.
J'arrive devant les pieds
d'un employé.
Il se penche vers moi :
« Désirez-vous
faire un dépôt ? » demande-t-il.
Oui, oui, oui,
Je souhaiterais vivement
déposer Olivier
pour la journée
à la banque.
Mais je demande :

« Une personne étrange,
accompagnée de quatre chats,
a-t-elle laissé ici
une clef ? »
L'employé nous montre la porte.
Crassou et moi nous partons.
Maintenant je sais
où je ne dois pas chercher
la clef.
Une banque n'est pas
un lieu assez étrange
pour une fille étrange
comme Rosalie.

Il faut chercher
un endroit plus extraordinaire.
Je pense à une cuisine
avec des pots de confiture,
des pots de miel,
des mottes de beurre
et des monceaux de brioches.
Ce n'est pas un endroit étrange,
mais un endroit auquel on pense
avec plaisir
quand on a faim.
C'est l'heure de déjeuner.
Crassou et moi

nous dirigeons
vers la maison.
Je sens quelque chose ou
quelqu'un
qui me souffle dans le cou.
C'est Olivier.

« Je te suivrai toujours »,
dit Olivier.

Toujours me semble un peu
trop long.
Suivi de Crassou,
je me mets à courir.
Je dévale une rue.
J'en remonte une autre
Je tourne à droite, à gauche
à gauche, à droite.
Je me retrouve dans une impasse.
Nous avons perdu Olivier.
Je m'assieds
pour me reposer
à côté d'une poubelle.

Crassou se met à renifler.
Il adore les poubelles.
Je regarde celle-là.
J'ai une idée.
Une poubelle
serait l'endroit rêvé
pour cacher une clef.

C'est gros, c'est rond, ça brille.
C'est une cachette sûre :
qui penserait, à part Crassou,
à fouiller une poubelle ?
Et c'est aussi un lieu étrange
pour une clef.
Assez étrange pour Rosalie.
Des endroits comme ça
il n'y en a pas tant !
Il faut que j'aille fouiller
la poubelle d'Annie.
J'emmène Crassou chez Annie
et nous faisons le tour de la maison.

Je marche à quatre pattes
comme Crassou.
Je ne voudrais pas qu'Annie
me voie
avant d'avoir retrouvé
sa clef.
Je veux lui faire la surprise.
Je tire sur le couvercle
de la poubelle.
Crassou aussi.
Je tire plus fort.
Crassou tire plus fort.
Le couvercle tombe.

Nous regardons à l'intérieur.
La poubelle est vide.
Moi, Toto le Magnifique,
je n'ai pas résolu l'affaire.
Crassou et moi

rentrons chez nous.
J'ai très faim.
Je donne un os à mon chien.
Je fais réchauffer un tas
de brioches

et je m'assieds pour les manger.
J'ai besoin d'une cuiller
pour tartiner la confiture.

J'ouvre un tiroir.
Il est rempli de cuillers,
de fourchettes et de couteaux.
Tout est mélangé
et tout cela brille.
Je sors trois couteaux
et quatre fourchettes
avant de tomber sur une cuiller.
Il n'est pas toujours facile
de trouver un truc en argent
brillant
parmi d'autres trucs
en argent brillant.

Je réfléchis un moment.
La clef d'Annie est peut-être
dans un endroit
où personne ne la voit
parce qu'elle est au milieu
d'autres objets en argent.
Un endroit étrange.
Un endroit rond.
Un endroit gros.
Un endroit sûr.
Ça y est, je sais !
Crassou et moi
courons vers la maison d'Annie.

Annie, assise sur les marches,
Croquetou à côté d'elle,
a l'air triste !

Croquetou semble énorme.
Je monte vers Annie.
« Je sais où est la clef ! dis-je.
– Où ? demande Annie.
– Regarde le collier de
Croquetou ! »
Annie se penche vers le collier.
« Je vois la plaque avec son nom,
dit-elle,
et le petit os en argent,
et l'écuelle d'argent
et… ma clef !
– Moi, Toto le Magnifique,

je déclare que Rosalie
a accroché ta clef
au collier de Croquetou.

Nous ne l'avons pas remarquée
parce qu'elle pendait parmi
d'autres trucs qui brillent.

– Mais pourquoi, demande Annie,
Rosalie
a-t-elle accroché ma clef
à ce collier ?
– Eh bien c'est un endroit étrange
et c'est un endroit *rond*,
grand et sûr
où tout brille.
Le collier est rond.
Les pendeloques y brillent.
Croquetou est grand et sûr.
Il n'y a certes pas
de lieu plus sûr

pour une clef
qu'à quelques doigts
des crocs de Croquetou.
Personne n'essaierait
de prendre cette clef.
Surtout pas moi ! »
Je me lève pour partir.
« Attends », me dit Annie.
Elle détache la clef
du collier de Croquetou.
« Maintenant, la fête peut
commencer
et tu es invité ! »

Je suis ravi pour Annie ;
pour moi, je suis désolé.
C'est à ce moment que Rosalie,
suivie de ses quatre chats,
s'approche de nous.
« Tu as trouvé la clef ?
s'écrie-t-elle.
Je le savais !
j'avais choisi
l'endroit idéal
où laisser la clef ! »
J'aurais eu moi, Toto,
beaucoup à dire à Rosalie

sur ce sujet,
mais la fête commençait.
Annie ouvre la porte.
Nous entrons tous
nous installer à table
Annie me fait asseoir
à la place d'honneur,
à côté de Croquetou.

Moi, Toto, pour le moment,
je n'ai qu'une chose en tête :
pourvu que la fête
ne dure pas trop longtemps !

Table

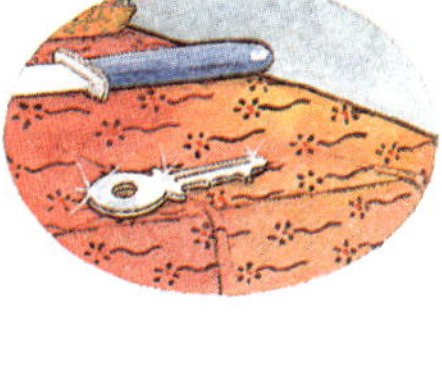

Loi n° 49-956 du 16 juillet 1949 sur les publications destinées à la jeunesse
Dépôt : octobre 1989

Achevé d'imprimer par Ouest Impressions Oberthur
35000 Rennes - N° 9754 - octobre 1989